COMPTABILITÉ DES MARCHANDS.

PREMIÈRE PARTIE.

CARNET DES DOIT.

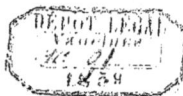

1859

A Monsieur GRANIER Frédéric,

NÉGOCIANT,

PRÉSIDENT DU TRIBUNAL DE COMMERCE D'AVIGNON,

CHEVALIER DE LA LÉGION-D'HONNEUR:

———◦———

HOMMAGE DE L'AUTEUR.

AVIGNON.

———◦———

Chaque page du Carnet des **DOIT** contient trois subdivisions et peut contenir par conséquent 3 ventes.

Pour s'en servir :

1° Ecrire dans chaque souche les détails ces marchandises que l'on vend , ou des détails suffisants pour prouver la valeur totale de la vente ;

2° Faire signer à l'acheteur le coupon correspondant à la souche qui renferme la vente, en ayant soin de lui faire mettre, avant sa signature , e mot : *Approuvé ;* 3° détacher le coupon et le remettre au débiteur qui paie.

Ainsi :

1° On prend note de toutes les opérations de vente, et on les conserve ;

2° On assure la rentrée des crédits que l'on fait ;

3° On libère son débiteur.

Avignon , Typ. et Lith. de BONNET FILS.

AGENDA BERTRAND

ou

CARNET DE CRÉDITS

LIVRE SPÉCIALEMENT DESTINÉ

AUX DÉTAILLANTS

POUR LEUR ASSURER LA RENTRÉE DES CRÉDITS QU'ILS FONT.

———

POUVANT SERVIR POUR LES OPÉRATIONS DE **DOIT** DANS UN LIVRE-JOURNAL

EN PARTIES SIMPLES.

———

PAR

J. F. R. BERTRAND,

EX-PROFESSEUR AUX LYCÉE IMPÉRIAL D'AVIGNON, TENEUR DE LIVRES,

AVIGNON.

———

SE TROUVE CHEZ L'AUTEUR, RUE D'AMPHOUX, 14, AU 1er.

Et

Nota. — Le Carnet, pour les opérations d'**Avoir**, ou la deuxième partie du Livre-Journal en parties simples, se trouve chez le même auteur. Tout exemplaire sera revêtu de la griffe de l'Auteur. Tout contre-facteur et débitant de contrefaçons seront poursuivis conformément aux lois.

F. BERTRAND.

N°

le _____ 18 _____

Doit

Total

N°

Je, soussigné déclare devoir à
M°
la somme de

pour vente et livraison des
Marchandises ci-contre.

le _____ 18

N°

le _____ 18 _____

Doit

Total

N°

Je, soussigné déclare devoir à
M°
la somme de

pour vente et livraison des
Marchandises ci-contre.

le _____ 18

N°

le _____ 18 _____

Doit

Total

N°

Je, soussigné déclare devoir
à M°
la somme de

pour vente et livraison des
Marchandises ci-contre.

le _____ 18

N°. ....

_____ le _____ 18 _____

Doit

Total						

N°. _____

Je soussigné déclare devoir à
M.ʳ _____

la somme de _____

pour vente et livraison des
Marchandises ci-contre.
_____ le _____ 18 _____

N°. ....

_____ le _____ 18 _____

Doit

Total						

N°. _____

Je soussigné déclare devoir à
M.ʳ _____

la somme de _____

pour vente et livraison des
Marchandises ci-contre.
_____ le _____ 18 _____

N°. _____

_____ le _____ 18 _____

Doit

Total						

N°. _____

Je soussigné déclare devoir
à M.ʳ _____

la somme de _____

pour vente et livraison des
Marchandises ci-contre.
_____ le _____ 18 _____

N° _____

_le_ _____ _18_ _____

Doit

Total			

N° _____

Je soussigné déclare devoir à
_Mr_ _____
la somme de _____

pour vente et livraison des
Marchandises ci-contre.
_____ _le_ _____ _18_ ____

N° _____

_le_ _____ _18_ _____

Doit

Total			

N° _____

Je soussigné déclare devoir à
_Mr_ _____
la somme de _____

pour vente et livraison des
Marchandises ci-contre.
_____ _le_ _____ _18_ ____

N° _____

_le_ _____ _18_ _____

Doit

Total			

N° _____

Je soussigné déclare devoir
_à Mr_ _____
la somme de _____

pour vente et livraison des
Marchandises ci-contre.
_____ _le_ _____ _18_ ____

N°

Doit

le _____ 18 _____

Total

N°

Je soussigné déclare devoir à
Mr _____
la somme de _____

pour vente et livraison des
Marchandises ci-contre.
le _____ 18 _____

N°

Doit

le _____ 18 _____

Total

N°

Je soussigné déclare devoir à
Mr _____
la somme de _____

pour vente et livraison des
Marchandises ci-contre.
le _____ 18 _____

N°

Doit

le _____ 18 _____

Total

N°

Je, soussigné, déclare devoir
à Mr _____
la somme de _____

pour vente et livraison des
Marchandises ci-contre.
le _____ 1 _____

N°_____

_____ le _____ 18 _____

Doit

Total

N°_____

Je soussigné déclare devoir à
Mr. _____
la somme de _____

pour vente et livraison de
Marchandises ci-contre.
_____ le _____ 18 _____

N°_____

_____ le _____ 18 _____

Doit

Total

N°_____

Je soussigné déclare devoir à
Mr. _____
la somme de _____

pour vente et livraison de
Marchandises ci-contre.
_____ le _____ 18 _____

N°_____

_____ le _____ 18 _____

Doit

Total

N°_____

Je soussigné déclare devoir
à Mr. _____
la somme de _____

pour vente et livraison des
Marchandises ci-contre.
_____ le _____ 1 _____

N°

Doit

le _____ 18 ___

Total

N°

Je soussigné déclare devoir à
M _____

la somme de _____

pour vente et livraison des
Marchandises ci-contre.

le _____ 18 ___

N°

Doit

le _____ 18 ___

Total

N°

Je soussigné déclare devoir à
M _____

la somme de _____

pour vente et livraison des
Marchandises ci-contre.

le _____ 18 ___

N°

Doit

le _____ 18 ___

Total

N°

Je soussigné déclare devoir
à M _____

la somme de _____

pour vente et livraison des
Marchandises ci-contre.

le _____ 18 ___

N°_____

_____ le _____ 18 _____

Doit

		Total					

N°._____

Je soussigné déclare devoir à
Mr. _____

la somme de _____

pour vente et livraison des
Marchandises ci-contre.
_____ le _____ 18 _____

N°_____

_____ le _____ 18 _____

Doit

		Total					

N°._____

Je soussigné, déclare devoir à
Mr. _____

la somme de _____

pour vente et livraison des
Marchandises ci-contre.
_____ le _____ 18 _____

N°_____

_____ le _____ 18 _____

Doit

		Total					

N°._____

Je, soussigné, déclare devoir
à Mr. _____

la somme de _____

pour vente et livraison des
Marchandises ci-contre.
_____ le _____ 18 _____

N°_____

_____ le _____ 18_____

Doit

Total							

N°_____

Je soussigné déclare devoir à
M._____
la somme de _____

pour vente et livraison des
Marchandises ci-contre.
_____ le _____ 18_____

N°_____

_____ le _____ 18_____

Doit

Total							

N°_____

Je soussigné déclare devoir à
M._____
la somme de _____

pour vente et livraison des
Marchandises ci-contre.
_____ le _____ 18_____

N°_____

_____ le _____ 18_____

Doit

Total							

N°_____

Je soussigné déclare devoir
à M._____
la somme de _____

pour vente et livraison des
Marchandises ci-contre.
_____ le _____ 18_____

No. _____

le _____ 18 _____

Doit

	Total		

No. _____

Je, soussigné déclare devoir à
Mr. _____
la somme de _____

pour vente et livraison des
Marchandises ci-contre.
le _____ 18 _____

No. _____

le _____ 18 _____

Doit

	Total		

No. _____

Je, soussigné déclare devoir à
Mr. _____
la somme de _____

pour vente et livraison des
Marchandises ci-contre.
le _____ 18 _____

No. _____

le _____ 18 _____

Doit

	Total		

No. _____

Je, soussigné, déclare devoir
à Mr. _____
la somme de _____

pour vente et livraison des
Marchandises ci-contre.
le _____ 11 _____

N°

_____ le _____ 18 _____

Doit

		Total					

N°

Je soussigné déclare devoir à
M° _____

la somme de _____

pour vente et livraison des
Marchandises ci-contre.

_____, le _____ 18 _____

N° _____ _____

_____ le _____ 18 _____

Doit

		Total					

N°

Je soussigné déclare devoir à
M° _____

la somme de _____

pour vente et livraison des
Marchandises ci-contre.

le _____ 18 _____

N° _____ _____

_____ le _____ 18 _____

Doit

		Total					

N°

Je soussigné déclare devoir
à M° _____

la somme de _____

pour vente et livraison des
Marchandises ci-contre.

le _____ _____

N°_____

_____ le ____ 18 ____

Doit

			Total				

N°_____

Je soussigné déclaré devoir à
M̅ᵉ_____
la somme de_____

pour vente et livraison des
Marchandises ci-contre.
le ____ 18 ____

N°_____

_____ le ____ 18 ____

Doit

			Total				

N°_____

Je soussigné déclaré devoir à
M̅ᵉ_____
la somme de_____

pour vente et livraison des
Marchandises ci-contre.
le ____ 18 ____

N°_____

_____ le ____ 18 ____

Doit

			Total				

N°_____

Je, soussigné, déclaré devoir
à M̅ᵉ_____
la somme de_____

pour vente et livraison des
Marchandises ci-contre.
le ____ 18 ____

No. _____ _____

_____ le _____ 18 _____

Doit

Total						

No. _____

Je soussigné déclare devoir à
M⁰ _____
la somme de _____

pour vente et livraison des
Marchandises ci-contre.
le _____ 18

No. _____

_____ le _____ 18 _____

Doit

Total						

No. _____

Je soussigné déclare devoir à
M⁰ _____
la somme de _____

pour vente et livraison des
Marchandises ci-contre.
le _____ 18

No. _____

_____ le _____ 18 _____

Doit

Total						

No. _____

Je soussigné déclare devoir
à M⁰ _____
la somme de _____

pour vente et livraison des
Marchandises ci-contre.
le _____ 18

N°_____

_____ le _____ 18 _____

Doit

Total

N°_____

Je soussigné déclare devoir à
M._____
la somme de_____

pour vente et livraison des
Marchandises ci-contre.
le _____ 18 _____

N°_____

_____ le _____ 18 _____

Doit

Total

N°_____

Je soussigné déclare devoir à
M._____
la somme de_____

pour vente et livraison des
Marchandises ci-contre.
le _____ 18 _____

N°_____

_____ le _____ 18 _____

Doit

Total

N°_____

Je soussigné déclare devoir
à M._____
la somme de_____

pour vente et livraison des
Marchandises ci-contre.
le _____ 18 _____

Doit

le ——————— 18 ————

Total

Je soussigné déclare devoir à
M⁰ ———————
la somme de ———————

pour vente et livraison de⁰
Marchandises ci-contre.
le ——— 18

N° ———————

Doit

le ——————— 18 ————

Total

N° ———————

Je soussigné déclare devoir à
M⁰ ———————
la somme des ———————

pour vente et livraison de⁰
Marchandises ci-contre.
le ——— 18

N° ———————

Doit

le ——————— 18 ————

Total

N° ———————

Je soussigné déclare devoir
à M⁰ ———————
la somme de ———————

pour vente et livraison des
Marchandises ci-contre.
le ——— 18

N°_____

_____ le ____ 18 ____

Doit

Total

N°_____

Je, soussigné déclare devoir à
M°. _____

la somme de _____

pour vente et livraison des
Marchandises ci-contre.
_____ le ____ 18 ____

N°_____

_____ le ____ 18 ____

Doit

Total

N°_____

Je, soussigné déclare devoir à
M°. _____

la somme de _____

pour vente et livraison des
Marchandises ci-contre.
_____ le ____ 18 ____

N°_____

_____ le ____ 18 ____

Doit

Total

N°_____

Je, soussigné, déclare devoir
à M°. _____

la somme de _____

pour vente et livraison des
Marchandises ci-contre.
_____ le ____ 18 ____

N°——————

Doit

le————————18——

Total

N°——————

Je soussigné déclare devoir à
M^r————————
la somme de————————

pour vente et livraison des
Marchandises ci-contre.
le————————18—

N°——————

Doit

le————————18——

Total

N°——————

Je soussigné déclare devoir à
M^r————————
la somme de————————

pour vente et livraison des
Marchandises ci-contre.
le————————18

N°——————

Doit

le————————18——

Total

N°——————

Je, soussigné, déclare devoir
à M^r————————
la somme de————————

pour vente et livraison des
Marchandises ci-contre.
le————————1^r

N°

Doit

le _____ 18 _____

		Total					

N° _____

Je soussigné déclare devoir à
M° _____
la somme de _____

pour vente et livraison de
Marchandises ci-contre.
le _____ 18 _____

N° _____

Doit

le _____ 18 _____

		Total					

N° _____

Je soussigné déclare devoir à
M° _____
la somme de _____

pour vente et livraison des
Marchandises ci-contre.
le _____ 18 _____

N° _____

Doit

le _____ 18 _____

		Total					

N° _____

Je soussigné déclare devoir
à M° _____
la somme de _____

pour vente et livraison des
Marchandises ci-contre.
le _____ 18 _____

N.° _____

_____ le _____ 18 _____

Doit

			Total			

N.° _____ Je soussigné déclare devoir à
M.° _____
la somme de _____

pour vente et livraison des
Marchandises ci-contre.
le _____ 18

N.° _____

_____ le _____ 18 _____

Doit

			Total			

N.° _____ Je soussigné déclare devoir à
M.° _____
la somme de _____

pour vente et livraison des
Marchandises ci-contre.
le _____ 18

N.° _____

_____ le _____ 18 _____

Doit

			Total			

N.° _____ Je, soussigné, déclare devoir
à M.° _____
la somme de _____

pour vente et livraison des
Marchandises ci-contre.
le _____ 18

N°_____

le _____ 18 _____

Doit

Total

N°_____

Je, soussigné, déclare devoir à
Mr _____

la somme de _____

pour vente et livraison des
Marchandises ci-contre.

le _____ 18 _____

N°_____

le _____ 18 _____

Doit

Total

N°_____

Je, soussigné, déclare devoir à
Mr _____

la somme de _____

pour vente et livraison des
Marchandises ci-contre.

le _____ 18 _____

N°_____

le _____ 18 _____

Doit

Total

N°_____

Je, soussigné, déclare devoir
à Mr _____

la somme de _____

pour vente et livraison des
Marchandises ci-contre.

le _____ 18 _____

N°

Doit

le _____ 18 _____

Total

N° _____

Je soussigné déclare devoir à
M.

la somme de

pour vente et livraison des
Marchandises ci-contre.

le _____ 18 _____

N° _____

Doit

le _____ 18 _____

Total

N° _____

Je soussigné déclare devoir à
M.

la somme de

pour vente et livraison des
Marchandises ci-contre.

le _____ 18 _____

N° _____

Doit

le _____ 18 _____

Total

N° _____

Je soussigné déclare devoir
à M.

la somme de

pour vente et livraison des
Marchandises ci-contre.

le _____

No.

_____ le _____ 18 _____

Doit

Total

No. _____

Je soussigné déclare devoir à
M _____
la somme de _____

pour vente et livraison des
Marchandises ci-contre.
le _____ 18 _____

No. _____

_____ le _____ 18 _____

Doit

Total

No. _____

Je soussigné déclare devoir à
M _____
la somme de _____

pour vente et livraison des
Marchandises ci-contre.
le _____ 18 _____

No. _____

_____ le _____ 18 _____

Doit

Total

No. _____

Je soussigné déclare devoir
à M _____
la somme de _____

pour vente et livraison des
Marchandises ci-contre.
le _____ 18 _____

N°

Doit

le _____ 18 _____

Total

N°

Je soussigné déclare devoir à
M° _____
la somme de _____

pour vente et livraison des
Marchandises ci-contre.
le _____ 18 _____

N° _____

Doit

le _____ 18 _____

Total

N°

Je soussigné déclare devoir à
M° _____
la somme de _____

pour vente et livraison des
Marchandises ci-contre.
le _____ 18 _____

N° _____

Doit

le _____ 18 _____

Total

N°

Je soussigné déclare devoir
à M° _____
la somme de _____

pour vente et livraison des
Marchandises ci-contre.
le _____ 18

N°

le ___ 18 ___

Doit

Total

N°

Je soussigné déclare devoir à
Mr ___
la somme de ___

pour vente et livraison des
Marchandises ci-contre.
___ le ___ 18 ___

N° ___

le ___ 18 ___

Doit

Total

N° ___

Je soussigné déclare devoir à
Mr ___
la somme de ___

pour vente et livraison des
Marchandises ci-contre.
___ le ___ 18 ___

N° ___

le ___ 18 ___

Doit

Total

N° ___

Je soussigné déclare devoir
à Mr ___
la somme de ___

pour vente et livraison des
Marchandises ci-contre.
___ le ___ 18 ___

N°

le _____ 18 ____

Doit

Total

N°

Je soussigné déclare devoir à
Mr _____

la somme de _____

pour vente et livraison des
Marchandises ci-contre.
le _____ 18 ____

N° _____

le _____ 18 ____

Doit

Total

N° _____

Je soussigné déclare devoir à
Mr _____

la somme de _____

pour vente et livraison des
Marchandises ci-contre.
_____ le _____ 18 ____

N° _____

le _____ 18 ____

Doit

Total

N°

Je soussigné déclare devoir
à Mr _____

la somme de _____

pour vente et livraison des
Marchandises ci-contre.
le _____ 11

No.

le _____ 18 _____

Doit

	Total					

No.

Je soussigné déclare devoir à
M.

la somme de

pour vente et livraison des
Marchandises ci contre.

le _____ 18 _____

No. _____

le _____ 18 _____

Doit

	Total					

No. _____

Je soussigné déclare devoir à
M.

la somme de

pour vente et livraison des
Marchandises ci contre.

le _____ 18 _____

No. _____

le _____ 18 _____

Doit

	Total					

No.

Je, soussigné, déclare devoir
à M.

la somme de

pour vente et livraison des
Marchandises ci contre.

le _____ 18 _____

N°. _____

le _____ 18 _____

Doit

Total				

N°. _____

Je, soussigné déclare devoir à
M° _____

la somme de _____

pour vente et livraison des
Marchandises ci-contre.

le _____ 18 _____

N°. _____

le _____ 18 _____

Doit

Total				

N°. _____

Je, soussigné déclare devoir à
M° _____

la somme de _____

pour vente et livraison des
Marchandises ci-contre.

le _____ 18 _____

N°. _____

le _____ 18 _____

Doit

Total				

N°. _____

Je, soussigné déclare devoir
à M° _____

la somme de _____

pour vente et livraison des
Marchandises ci-contre.

le _____ 1 _____

No.

_____ le _____ 18 _____

Doit

				Total

No.

Je, soussigné déclare devoir à
Mr _____
la somme de _____

pour vente et livraison des
Marchandises ci-contre.
_____ le _____ 18 _____

No. _____

_____ le _____ 18 _____

Doit

				Total

No. _____

Je, soussigné déclare devoir à
Mr _____
la somme de _____

pour vente et livraison des
Marchandises ci-contre.
_____ le _____ 18 _____

No. _____

_____ le _____ 18 _____

Doit

				Total

No. _____

Je, soussigné déclare devoir
à Mr _____
la somme de _____

pour vente et livraison des
Marchandises ci-contre.
_____ le _____ 18 _____

No. _____

le _____ 18 _____

Doit

Total

No. _____

Je soussigné déclare devoir à
M. _____
la somme de _____

pour vente et livraison de
Marchandises ci-contre.
le _____ 18 _____

No. _____

le _____ 18 _____

Doit

Total

No. _____

Je soussigné déclare devoir à
M. _____
la somme de _____

pour vente et livraison des
Marchandises ci-contre.
le _____ 18 _____

No. _____

le _____ 18 _____

Doit

Total

No. _____

Je soussigné déclare devoir
à M. _____
la somme de _____

pour vente et livraison des
Marchandises ci-contre.
le _____ 18 _____

No. ___

_le ___ 18 ___

Doit

Total

No. ___

Je soussigné déclare devoir à
Mr. ___

la somme de ___

pour vente et livraison des
Marchandises ci-contre.
_le ___ 18 ___

No. ___

_le ___ 18 ___

Doit

Total

No. ___

Je soussigné, déclare devoir à
Mr. ___

la somme de ___

pour vente et livraison des
Marchandises ci-contre.
_le ___ 18 ___

No. ___

_le ___ 18 ___

Doit

Total

No. ___

Je soussigné, déclare devoir
à Mr. ___

la somme de ___

pour vente et livraison des
Marchandises ci-contre.
_le ___ 1. ___

No | _____

le _____ 18 ____

Doit

Total | | | | | |

N° _____

le _____ 18 ____

Doit

Total | | | | | |

N° _____

le _____ 18 ____

Doit

Total | | | | | |

N° _____

Je, soussigné déclare devoir à

M. _____

la somme de _____

pour vente et livraison des

Marchandises ci-contre.

le _____ 18 ____

N° _____

Je, soussigné, déclare devoir à

M. _____

la somme de _____

pour vente et livraison des

Marchandises ci-contre.

le _____ 18 ____

N° _____

Je, soussigné, déclare devoir

à M. _____

la somme de _____

pour vente et livraison des

Marchandises ci-contre.

le _____ 1/

Section 1

N°

Doit

le _____ 18 _____

Total

N°

Je soussigné déclare devoir à
M _____

la somme de _____

pour vente et livraison des
Marchandises ci-contre.

le _____ 18

Section 2

N°

Doit

le _____ 18 _____

Total

N°

Je soussigné déclare devoir à
M _____

la somme de _____

pour vente et livraison des
Marchandises ci-contre.

le _____ 18

Section 3

N°

Doit

le _____ 18 _____

Total

N°

Je soussigné déclare devoir
à M _____

la somme de _____

pour vente et livraison des
Marchandises ci-contre.

le _____ 11

Doit

_____ le _____ 18 _____

Total

Je soussigné déclare devoir à
Mᵉ

la somme de

pour vente et livraison des
Marchandises ci-contre.
_____ le _____ 18 _____

Doit

_____ le _____ 18 _____

Total

Je soussigné déclare devoir à
Mᵉ

la somme de

pour vente et livraison des
Marchandises ci-contre.
_____ le _____ 18 _____

Doit

_____ le _____ 18 _____

Total

Je soussigné déclare devoir
à Mᵉ

la somme de

pour vente et livraison des
Marchandises ci-contre.
_____ le _____ 18 _____

No.

Doit

le _____ 18 _____

Total

No. Je soussigné déclare devoir à
M.
la somme de

pour vente et livraison des
Marchandises ci-contre.
le _____ 18 _____

No.

Doit

le _____ 18 _____

Total

No. Je soussigné déclare devoir à
M.
la somme de

pour vente et livraison des
Marchandises ci-contre.
le _____ 18 _____

No.

Doit

le _____ 18 _____

Total

No. Je soussigné déclare devoir
à M.
la somme de

pour vente et livraison des
Marchandises ci-contre.
le _____ 11

N°

Doit

le _____ 18 _____

Total

N°

Je, soussigné déclare devoir à
M^r _____
la somme de _____

pour vente et livraison des
Marchandises ci-contre.
le _____ 18 _____

N°

Doit

le _____ 18 _____

Total

N°

Je, soussigné déclare devoir à
M^r _____
la somme de _____

pour vente et livraison des
Marchandises ci-contre.
le _____ 18 _____

N°

Doit

le _____ 18 _____

Total

N°

Je, soussigné déclare devoir
à M^r _____
la somme de _____

pour vente et livraison des
Marchandises ci-contre.
le _____ 18 _____

N°

le _____ 18 _____

Doit

Total

N°

Je soussigné déclare devoir à
Mr
la somme de

pour vente et livraison des
Marchandises ci-contre.
le _____ 18

N°

le _____ 18 _____

Doit

Total

N°

Je soussigné déclare devoir à
Mr
la somme de

pour vente et livraison des
Marchandises ci-contre.
le _____ 18

N°

le _____ 18 _____

Doit

Total

N°

Je soussigné déclare devoir
à Mr
la somme de

pour vente et livraison des
Marchandises ci-contre.
le _____ 18

No.

le _____ *18* _____

Doit

Total

No.

Je soussigné déclare devoir à
M^r
la somme de

pour vente et livraison de
Marchandises ci-contre.
le _____ *18* ___

No.

le _____ *18* _____

Doit

Total

No.

Je soussigné déclare devoir à
M^r
la somme de

pour vente et livraison des
Marchandises ci-contre.
le _____ *18* ___

No.

le _____ *18* _____

Doit

Total

No.

Je soussigné déclare devoir
à M^r
la somme de

pour vente et livraison des
Marchandises ci-contre.
le _____ *18* ___

No.

Doit

_le _____ 18 _____

			Total		

No.

Je soussigné déclare devoir à
Mr. _____

la somme de _____

pour vente et livraison des
Marchandises ci-contre.

_le _____ 18 _____

No. _____

Doit

_le _____ 18 _____

			Total		

No. _____

Je soussigné déclare devoir à
Mr. _____

la somme de _____

pour vente et livraison des
Marchandises ci-contre.

_le _____ 18 _____

No. _____

Doit

_le _____ 18 _____

			Total		

No. _____

Je, soussigné déclare devoir
à Mr. _____

la somme de _____

pour vente et livraison des
Marchandises ci-contre.

_le _____ 18 _____

N°

le _____ 18 _____

Doit

		Total		

N°

Je soussigné déclare devoir à
Mᵉ

la somme de _____

pour vente et livraison des
Marchandises ci-contre.
le _____ 18

N° _____

le _____ 18 _____

Doit

		Total		

N° _____

Je soussigné déclare devoir à
Mᵉ _____

la somme de _____

pour vente et livraison des
Marchandises ci-contre.
le _____ 18

N° _____

le _____ 18 _____

Doit

		Total		

N° _____

Je soussigné déclare devoir
à Mᵉ _____

la somme de _____

pour vente et livraison des
Marchandises ci-contre.
le _____ 1

N°

Doit _____ le _____ 18 _____

Total

N° _____

Je soussigné déclare devoir à
M _____

la somme de _____

pour vente et livraison des
Marchandises ci-contre.
_____ le _____ 18 ____

N° _____

Doit _____ le _____ 18 _____

Total

N° _____

Je soussigné déclare devoir à
M _____

la somme de _____

pour vente et livraison des
Marchandises ci-contre.
_____ le _____ 18 ____

N° _____

Doit _____ le _____ 18 _____

Total

N° _____

Je soussigné déclare devoir
à M _____

la somme de _____

pour vente et livraison des
Marchandises ci-contre.
_____ le _____ 1 ____

No _____

Doit

_____ le _____ 18 _____

Total

No _____

Je, soussigné, déclare devoir à
Mr _____
la somme de _____

pour vente et livraison des
Marchandises ci-contre.
le _____ 18 _____

No _____

Doit

_____ le _____ 18 _____

Total

No _____

Je, soussigné, déclare devoir à
Mr _____
la somme de _____

pour vente et livraison des
Marchandises ci-contre.
le _____ 18 _____

No _____

Doit

_____ le _____ 18 _____

Total

No _____

Je, soussigné, déclare devoir
à Mr _____
la somme de _____

pour vente et livraison des
Marchandises ci-contre.
le _____ 18 _____

N°

le _____ 18_____

Doit

Total

N°

Je soussigné déclare devoir à
M.
la somme de

pour vente et livraison des
Marchandises ci-contre.
le _____ 18

N°

le _____ 18_____

Doit

Total

N°

Je soussigné déclare devoir à
M.
la somme de

pour vente et livraison des
Marchandises ci-contre.
le _____ 18

N°

le _____ 18_____

Doit

Total

N°

Je soussigné déclare devoir
à M.
la somme de

pour vente et livraison des
Marchandises ci-contre.
le _____ 18

N°

le _____ 18 _____

Doit

Total

Je soussigné déclare devoir à
Mʳ _____
la somme de _____

pour vente et livraison des
Marchandises ci-contre.
le _____ 18

N° _____

le _____ 18 _____

Doit

Total

N° _____
Je soussigné déclare devoir à
Mʳ _____
la somme de _____

pour vente et livraison des
Marchandises ci-contre.
le _____ 18

N° _____

le _____ 18 _____

Doit

Total

N°
Je soussigné déclare devoir
à Mʳ _____
la somme de _____

pour vente et livraison des
Marchandises ci-contre.
le _____ 18

N°

le _____ 18 _____

Doit

Total

N°

Je soussigné déclare devoir à
M.
la somme de

pour vente et livraison des
Marchandises ci-contre.
le _____ 18

N°

le _____ 18 _____

Doit

Total

N°

Je soussigné déclare devoir à
M.
la somme de

pour vente et livraison des
Marchandises ci-contre.
le _____ 18

N°

le _____ 18 _____

Doit

Total

N°

Je soussigné déclare devoir
à M.
la somme de

pour vente et livraison des
Marchandises ci-contre.
le _____ 18

No.

Doit

le _____ 18 _____

Total

No.

Je soussigné déclare devoir à
Mr
la somme de

pour vente et livraison des
Marchandises ci-contre.
le _____ 18

No. _____

Doit

le _____ 18 _____

Total

No.

Je soussigné déclare devoir à
Mr
la somme de

pour vente et livraison des
Marchandises ci-contre.
le _____ 18

No. _____

Doit

le _____ 18 _____

Total

No.

Je soussigné déclare devoir
à Mr
la somme de

pour vente et livraison des
Marchandises ci-contre.
le _____ 1.

Doit

le _____ 18 _____

Total

Je soussigné déclare devoir à
Mr _____
la somme de _____

pour vente et livraison des
Marchandises ci-contre.
le _____ 18 _____

Doit

le _____ 18 _____

Total

Je soussigné déclare devoir à
Mr _____
la somme de _____

pour vente et livraison des
Marchandises ci-contre.
le _____ 18 _____

Doit

le _____ 18 _____

Total

Je soussigné déclare devoir
à Mr _____
la somme de _____

pour vente et livraison des
Marchandises ci-contre.
le _____ 18 _____

Nº _____

le _____ 18 _____

Doit

Total

Nº _____

Je, soussigné, déclare devoir à
Mr. _____
la somme de _____

pour vente et livraison des
Marchandises ci-contre.
le _____ 18 _____

Nº _____

le _____ 18 _____

Doit

Total

Nº _____

Je, soussigné, déclare devoir à
Mr. _____
la somme de _____

pour vente et livraison des
Marchandises ci-contre.
le _____ 18 _____

Nº _____

le _____ 18 _____

Doit

Total

Nº _____

Je, soussigné, déclare devoir
à Mr. _____
la somme de _____

pour vente et livraison des
Marchandises ci-contre.
le _____ 18 _____

N°

Doit

le _____ 18 _____

Total

N° _____

Je, soussigné déclare devoir à
M⁰ _____
la somme de _____

pour vente et livraison de⁰
Marchandises ci-contre.
le _____ 18 _____

N° _____

Doit

le _____ 18 _____

Total

N° _____

Je, soussigné, déclare devoir à
M⁰ _____
la somme de _____

pour vente et livraison de⁰
Marchandises ci-contre.
le _____ 18 _____

N° _____

Doit

le _____ 18 _____

Total

N° _____

Je, soussigné, déclare devoir
à M⁰ _____
la somme de _____

pour vente et livraison des
Marchandises ci-contre.
le _____ 18 _____